Für meine Mutter (N. N.)

CARLSEN-Newsletter
Tolle neue Lesetipps kostenlos per E-Mail
www.carlsen.de

© 2019 Carlsen Verlag GmbH, Völckersstr. 14–20, 22765 Hamburg
Text: Nanna Neßhöver
Umschlag- und Innenillustrationen: Annette Swoboda
Lektorat: Marlen Bialek
Herstellung: Bettina Oguamanam
ISBN 978-3-551-51448-6

Carlsen-Bücher gibt es überall im Buchhandel oder auf carlsen.de

Annette Swoboda Nanna Neßhöver

Fühlinchen

Auf einer Wiese steht eine Herde Linchen.
Und mittendrin: Fühlinchen.
Je nach Stimmung wechselt sein Fell die Farbe.

Wenn Fühlinchen vergnügt ist, sieht es so aus:

Wenn es traurig ist, sieht es so aus:

Wenn es stolz ist, sieht es so aus:

Die anderen sehen so aus:
Wenn sie vergnügt sind,

wenn sie traurig sind –

und wenn sie stolz sind.

Eines Tages fühlt sich Fühlinchen ganz schrecklich einsam.
Also beschließt es, ein anderes Fühlinchen zu finden.

Als es eine Weile unterwegs ist, trifft es
ein mutiges Stachelschwein.

Als Nächstes begegnet es einem neugierigen Erdmännchen.

Hoch oben in der Luft fliegt ein fröhlicher Schmetterling.
Der sieht so schön aus!

Ein aufgeregter Käfer krabbelt über Fühlinchens Fuß.
Das kitzelt!

Ein Weilchen später trifft Fühlinchen einen verdatterten Flamingo.

Und es stößt mit einem wütenden Stier zusammen.

An einem dicken Ast baumeln zwei müde Faultiere.
Es wird schon dunkel und Fühlinchen hat kein anderes
Fühlinchen gefunden.

Doch da versteht Fühlinchen:
Es ist mit seinen Gefühlen nicht allein,
jeder fühlt – mal so und mal so.

Und manchmal fühlt man